국립생태원은 한반도 생태계를 비롯하여 열대, 사막, 지중해, 온대, 극지 등 세계 5대 기후와 그곳에서 서식하는 동식물을 한눈에 관찰하고 체험할 수 있는 생태 연구·교육·전시 종합 기관입니다. 국립생태원 출판부(NIE PRESS)는 소중한 생태 정보와 이야기를 엮어 유아부터 성인, 전문가에 이르는 다양한 독자를 위한 책을 만들고 있습니다.

정보 제공 및 내용 감수에 참여한 **국립생태원 연구원**
박진영, 이승혁, 조광진, 최승세

에코스토리 01 국립생태원이 들려주는 **전국 자연환경 조사** 이야기
나는 독도의 마스코트

발행일 2017년 6월 15일 초판 1쇄 발행 / 2018년 12월 21일 초판 2쇄 발행
글 서영선 | **본문그림** 조재석 | **부록그림** 박소영

발행인 박용목
책임편집 김웅식 | **편집** 유연봉 이규 천광일 전세욱 | **구성·진행** 강승연 정재윤 조현민
아트디렉터 신은경 | **디자인** 디자인아이(양신영 진선미) | **사진** 국립생태원(김창회 이승혁 최승세) Shutterstock 환경공간정보서비스
발행처 국립생태원 출판부 | **신고번호** 제458-2015-000002호(2015년 7월 17일)
주소 충남 서천군 마서면 금강로 1210 / www.nie.re.kr
문의 041-950-5997 / press@nie.re.kr

ⓒ 국립생태원 National Institute of Ecology, 2017
ISBN 979-11-88154-03-6 74400
　　　979-11-88154-02-9(세트)

※ 이 책에 실린 모든 글과 그림을 저작권자의 허락 없이 무단으로 사용하거나 복사하여 배포하는 것은 저작권을 침해하는 것입니다.
⚠ 주의 다칠 우려가 있습니다. 본 교재를 던지거나 떨어뜨리지 않도록 주의하십시오. 고온 다습한 장소나 직사광선이 닿는 장소에는 보관을 피해 주십시오.

01 전국 자연환경 조사

나는 독도의 마스코트

글 서영선 그림 조재석 감수 **국립생태원**

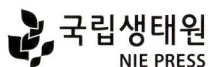

야호! 오늘 배가 들어오나 봐요.
멀리서 하얀 배가 독도를 향해 힘차게 다가오고 있어요.
선착장에는 독도 경비대가 줄을 맞추어 늠름하게 서 있고,
손님들을 맞는 주인처럼 몸을 꼿꼿이 세운 괭이갈매기* 수만 마리가
고양이 울음소리를 내며 합창을 하고 있어요.

'흥! 자기들이 독도의 주인인가? 주인은 바로 나, 강산이지!'

나로 말할 것 같으면 독도의 마스코트* 삽사리랍니다.

나는 괭이갈매기 따위에 질 수 없다고 생각하며

수백 개의 계단을 힘차게 뛰어 내려갔어요.

*괭이갈매기 고양이 울음소리를 낸다고 해서 이런 이름이 붙었어요. 독도에 많이 사는 독도를 대표하는 새이지요.
*마스코트 행운을 가져온다고 믿어서 귀하게 여기는 사람이나 물건을 말해요.

드디어 배가 동도의 선착장에 닿았어요.

"독도에 오신 걸 환영합니다, 국립생태원 자연환경 조사팀 여러분!"

독도 경비대 아저씨들이 힘차게 환영 인사를 했어요.

배에서 조사팀 사람들이 선착장에 내렸어요.

컹컹컹컹!

나는 조사팀에 다가가 꼬리를 흔들며 아는 척을 했어요.

"네가 바로 독도의 마스코트 삽사리로구나!"

조사팀원 승세 아저씨가 반갑게 인사를 했어요.

"독도의 1대 마스코트였던 독도와 지킴이의 손자 강산입니다.
영리하고 호기심이 아주 많은 사고뭉치지요.

조사팀 여러분을 귀찮게나 하지 않을지 걱정이네요."
독도 경비대 강호 아저씨가 말했어요.
나는 기분이 좀 나빠졌어요. 내가 사고뭉치라니요?
그러거나 말거나 나는 조사팀을 따라다니기로
굳게 마음먹었어요.

독도는 어떤 섬일까요?
독도는 우리나라에서 가장 동쪽에 자리하고 있으며, 동도와 서도라는 2개의 바위섬과 89개의 크고 작은 섬으로 이루어져 있는 화산섬이에요. 동도는 최고봉이 98.6미터(m)로 정상에 어느 정도 평탄한 곳이 있으며, 서도는 최고봉이 168.5미터(m)로 산봉우리가 뾰족한 원뿔형이지요.

"독도의 자연환경을 보전하려면
먼저 독도에 어떤 식물과 동물이 살고 있는지 알아보아야 합니다.
그래야 문제가 있으면 어떻게 고쳐 나가야 할지도 알 수 있을 테니까요.
이번 봄철에는 모두 다섯 팀으로 나누어서 조사를 할 예정입니다.
모두들 조심해서 열심히 조사해 주시기 바랍니다."
"예." 조사팀장님의 말에 모두 큰 소리로 대답했습니다.
"컹컹!" 나도 큰 소리로 짖었습니다.

"강산이는 저리 가야지. 우리는 할 일이 많아 몹시 바쁘단다."
조사팀장님이 엄한 목소리로 말했지만, 나는 못 들은 척했어요.
이제부턴 나도 조사팀원이거든요.

독도의 자연환경 조사는 어려워요
독도의 주변 바다는 파도가 높아서 배를 대기가 쉽지 않아요. 날씨가 좋지 않은 날들도 많아서 일 년 중 배가 들어갈 수 있는 날이 절반도 안 된답니다. 그래서 자연환경을 조사하기에 어려움이 많지요. 우리나라의 자연환경을 체계적으로 보전하고 관리하기 위해서 환경부와 국립생태원, 각 지방의 자치 단체에서는 전국의 자연 생태계 현황 조사를 하고 있어요.

식물 조사팀은 먼저 동도에 어떤 식물들이 살고 있는지를 조사했어요.
"남쪽에는 개밀이 넓게 펼쳐져서 자라고 있네요."
조사팀은 작은 삽으로 개밀 표본을 채집한 뒤,
날짜와 식물 이름 등을 조사표에 써 넣고 지도에 위치도 표시했어요.
조사팀은 계속해서 위로 걸어 올라갔어요.
"이야, 여기 이 사철나무들 좀 보세요. 나이가 100살은 넘었을 것 같아요.
그래서 독도를 지키는 독도 수호목이라고 부르는군요!"
조사팀은 사진을 찍고 다시 조사표에 이것저것 써 넣었어요.
정상에 가까이 가니, 밑으로 뻥 뚫린 커다란 굴이 있었어요.
"여기가 천장굴이구나! 정말 신기하게 생겼네.
안쪽 암벽은 온통 해국, 왕김의털, 돌채송화,
갯제비쑥으로 뒤덮여 있고!"
나는 굴 아래로 떨어지지 않으려고 멀찌감치
떨어져서 고개만 쑤욱 내밀었어요.

천장굴 깊이가 100미터(m) 정도 되는 컵 모양의 굴이에요. 아래쪽으로는 바닷물이 들락거려요. 바닷물이 바위를 깎아 만든 굴이지요.

해국 바닷가에서 자라는 국화를 말해요.

개밀 밀과 비슷한데 먹지 않는 밀이라고 개밀이에요. 평지 길가나 들에서 자라요.

갯제비쑥 우리나라 어디에서나 볼 수 있는 제비쑥과는 달리 울릉도와 독도에서 주로 볼 수 있어요.

왕김의털 여러해살이풀로 비교적 높은 산지의 풀밭에서 자라요.

돌채송화 바닷가의 바위가 많은 곳에서 주로 볼 수 있어요.

사철나무 동도의 우산봉에서 자라는 사철나무들은 천연기념물 제538호이자 울릉군의 보호수로 지정돼 있어요.

식물 조사팀은 동도의 조사를 마치고 배를 타고 서도로 건너갔어요.
나도 조사팀을 놓칠세라 얼른 따라 탔지요.
"저기 벼랑에 사철나무가 있네요! 이런, 암벽 등반을 해야겠는데요!"
승세 아저씨가 가파른 벼랑을 기어 내려갔어요.
암벽이 미끄러워서 자꾸 발이 미끄러졌지요.
"조심해요!"
승혁 아저씨가 소리를 질렀어요.
두 사람은 무사히 표본 채집을 마쳤어요.
앞서 가던 승세 아저씨가 큰소리를 쳤어요.
"계곡을 따라 왕호장근이 터를 잡고 있네요!"
승혁 아저씨가 왕호장근을 자세히 살펴보았어요.

왕호장근 어릴 때 줄기가 호랑이 가죽같이 생겨서 이런 이름이 붙었어요. 울릉도와 독도의 산지 계곡에서 나는 여러해살이풀이에요.

"독도는 바람이 많이 불고, 물이 부족한 곳이에요.
그래서 독도에 사는 식물은 대체로 키가 작고,
잎이 두텁고 잔털이 많아 가뭄에 강한 것이 특징이죠.
그런데 이 왕호장근은 키가 꽤 크네요."

독도에는 어떤 식물들이 살까요?
독도는 바위섬이어서 흙이 별로 없어요. 나무가 살기는 어려운 곳이지요. 그래서 바위에 붙어 자라는 사철나무와 참빗살나무가 원래부터 독도에 살았던 것으로 보여요. 가끔 보이는 동백나무, 보리밥나무 및 섬괴불나무는 울릉도에서 들여온 것이에요. 오래전부터 독도에 사는 풀로는 해국과 돌채송화, 갯제비쑥, 왕김의털 등 약 50종 정도가 있습니다. 큰이삭풀과 왕호장근은 다른 곳에서 독도로 들어온 식물이에요.

다음 날, 나는 조류 조사팀을 따라가기로 했어요.

포르르 날아다니는 새들을 쫓는 놀이가 재밌을 것 같았거든요.

망원경을 매단 조사팀의 모습이 멋있게 보였어요.

'나도 하나 줬으면 좋겠다.'

조류 조사팀은 동도 바닷가에서 조사를 시작했어요.

수없이 많은 괭이갈매기들이 하늘을 날며 울고 있었어요.

고양이 울음소리를 내며 땅 위를 기어 다니는
괭이갈매기들도 있었지요.

"아, 저기 괭이갈매기가 알을 품고 있어요!"

우열 아저씨의 말에 조사팀원들이 바삐 움직이기 시작했어요.

나도 살그머니 그쪽으로 다가갔지요.

우리가 다가가자 알을 품은 괭이갈매기가
주위를 조심스레 둘러보고 있었어요.

새들의 고향, 독도

독도는 북쪽에서 내려오는 차가운 한류와 남쪽에서 올라오는 따뜻한 난류가 만나는 곳에 있어요. 그래서 새들의 먹이가 되는 물고기가 많아서 독도에서는 70종이 넘는 새들이 살고 있거나 이곳에서 쉬었다 가요. 그 가운데 가장 많은 새는 괭이갈매기예요. 괭이갈매기는 주로 섬에서 큰 무리를 지어 생활하는 새인데, '독도' 하면 생각나는 가장 대표적인 동물이 괭이갈매기일 만큼, 독도는 괭이갈매기의 주요 서식지예요.

다시 아침이 되었어요.

나는 얼른 아침을 먹고 어제 보았던 괭이갈매기에게 가 보았어요.

조사팀이 이미 나와 있었어요.

괭이갈매기가 있던 곳으로 가까이 다가갔을 때,

갑자기 조사팀이 발길을 멈췄어요.

괭이갈매기가 부르르 몸을 떨더니 갑자기 일어났어요.

아! 나는 도무지 눈을 뗄 수가 없었지요.

알을 깨고 나온 털복숭이 새끼가 포르르 몸을 떠는 게 보였어요.

점박이 알과 꼭 같은 점박이 새끼였지요.

나는 너무도 귀엽고 신기해서 당장이라도 그쪽으로 달려가고 싶었지만 꾹 참았어요.
조사팀원들이 카메라를 들고 사진을 찍느라 숨마저 참고 있었거든요.
"내일이나 모레쯤이면 새끼가 뛰어다니는 모습도 볼 수 있겠네."
진희 아저씨가 즐겁게 말했어요.

오늘은 포유류 조사를 하는 날, 나는 아침 일찍 길을 나섰지요.

"강산이도 포유류 조사에 넣어야지."

용기 아저씨가 웃으며 화진이 형에게 말했어요.

"강산이는 사람들이 키우는 개라 안 되지요."

나는 입을 쭈뼛거렸지요.

"독도에는 포유류가 없다면서요?"

"옛날에는 강치가 많이 살았는데, 지금은 한 마리도 없지. 포유류라고는 집쥐뿐일걸."

"어제 설치한 무인 센서 카메라*부터 살펴보아요."

***무인 센서 카메라** 물체가 움직이면 자동으로 촬영하는 카메라예요.

시커먼 집쥐! 나는 그 엉큼한 녀석이 잘 다니는 길로 앞장서서 달려갔어요.

'아이쿠, 이게 뭐야!'

나는 무언가에 걸려 넘어졌어요.

"이 녀석, 강산아! 무인 센서 카메라를 건드리면 어떡하니?"

화진이 형이 호통을 치는 바람에 나는 줄행랑을 쳤어요.

독도에도 포유류가 살까요?

독도에서 살고 있는 야생 포유류는 하나도 없어요. 독도에는 원래 강치가 많이 살고 있었는데, 일제 강점기에 일본 어부들이 마구 잡아가는 바람에 이제는 만날 수가 없어요. 현재 독도에 살고 있는 포유류에는 독도의 마스코트인 삽사리 금수와 강산이가 있고, 그 외에는 우연히 들어온 집쥐가 있어요.

바닷가로 가 보니 해양 조사팀의 배가 막 떠나고 있었어요.
나는 무작정 바다로 뛰어들어 마구 발버둥을 치며 헤엄쳤어요.
잠수복을 입은 영식 아저씨가 나를 물에서 끌어올려 주었지요.
"너, 정말 사고뭉치구나. 여기까지 따라오면 어떡해?"
영식 아저씨는 물안경을 쓰고 수중 카메라를 챙겨서는
멋지게 다이빙을 했어요.
나는 파란 바닷물 속을 헤엄치는 물고기들을 신기하게 바라보았어요.
영식 아저씨가 물에서 올라왔어요.
"정말 아름다운 바다야. 갈조류도 많고, 고둥과 별불가사리도 많아.
그런데 쓰레기도 있고, 갯녹음도 보이네."
"사람들이 자연을 자꾸 망가뜨리고 있는 거야. 정말 큰일이지."

갈조류 미역, 다시마, 감태 등의 갈색 해조류를 말해요.

별불가사리 우리나라의 바닷가에서 흔하게 볼 수 있는데, 대부분 팔이 5개예요.

갯녹음 바닷물 속에 녹아 있는 탄산칼슘(석회)이 점점 많아져 바닷속의 바위 등에 하얗게 달라붙는 것이에요. 이 때문에 해조류가 사라지게 되고 해조류를 먹고 사는 바다 생물들도 살 수 없게 되지요.

고둥 비틀린 껍데기가 있는 나사조개류를 말해요.

위협받는 자연의 보고, 독도

독도는 사람들의 손이 닿지 않았기 때문에 매우 다양한 해양 생물들이 살고 있는 '자연의 보물 창고'이지요. 그런데 독도에서도 사람들이 사용하다 버린 못 쓰는 그물이나 비닐 등이 발견되고 있어요. 콘크리트를 사용해서 바다를 개발하는 일도 많아져서 갯녹음 현상도 일어나고 있고요.

포충망 곤충을 채집하기 위해 만든 망처럼 생긴 장비예요.

이번에는 곤충 조사팀을 따라갈 차례예요.

조사팀장님은 손에 커다란 포충망을 들고 있었지요.

잎벌레, 잠자리, 노린재 등을 잡을 때 쓰는 거라고 해요.

조사팀장님은 풀숲을 헤치다가 포충망을 휙 휘둘렀어요.

포충망에 나비 한 마리가 걸렸어요.

나도 멋진 곤충을 잡고 싶었어요.

그러다 이상하게 생긴 벌레를 발견했어요.

"멍멍멍!"

내가 짖자 조사팀장님이 내가 있는 쪽으로 다가왔어요.

"왜 그래? 응? 검정배줄벼룩잎벌레잖아.

통통 뛰는 잎벌레를 잡았네."

나는 그 말에 기분이 몹시 좋아졌어요.

검정배줄벼룩잎벌레 넓적다리 마디가 부풀어 있어서 잘 뛸 수 있어요. 그래서 이름에 벼룩이라는 단어가 들어가 있어요.

다른 쪽에서는 원석 아저씨가 땅에 구멍을 파고 있었어요.

구멍 안에 땅과 높이가 같도록 컵을 묻었어요.

그러고는 초록색 액체를 부었어요.

식물 조사팀 승혁 아저씨가 물었어요.

"함정인가 봐요? 그런데 무엇을 붓는 거지요?"

"예, 원래는 당밀이나 썩은 고기 같은 것을 미끼로 주는데요,

독도는 자주 올 수 있는 곳이 아니잖아요.

함정에 빠진 곤충이 썩지 않도록 부동액을 넣는 거예요.

그래야 몇 달 뒤에 와서도 표본을 만들 수 있으니까요."

곤충을 채집하는 세 가지 방법

독도에는 150종 정도의 곤충이 살고 있는데, 그 가운데 가장 많은 것은 딱정벌레목이에요. 독도에서는 사람들이 오랫동안 살면서 곤충을 관찰할 수가 없기 때문에 주로 곤충을 채집해서 연구하고 있어요. 곤충들은 사는 곳과 습성이 매우 다양하기 때문에 채집 방법도 다양하지만, 주로 다음 세 가지 방법을 사용해요.

서식 장소를 찾아가 잡기
바위 밑, 풀의 밑둥 등 곤충이 살고 있는 서식 장소를 직접 찾아가서 채집하는 방법이에요.

쓸어 잡기
물가 풀밭에 사는 곤충을 조사하기 위하여 바닥을 쓸 듯이 식물들을 흔들어 낚아채는 방법이에요. 파리, 벌, 노린재, 잎벌레 등을 잡아요.

함정 트랩
땅에 함정을 파고 그 안에 미끼를 놓아 채집하는 방법이에요. 땅 위를 기어다니는 곤충을 잡아요.

자연환경 조사팀이 봄철 조사를 모두 마쳤어요.

조사팀은 이제 독도를 떠난대요.

나는 그동안 정이 담뿍 든 조사팀과 헤어지는 게 몹시 서운했어요.

"강산아, 너무 서운해하지 마. 여름에도 또 올 거니까.

그동안 말썽 부리지 말고 잘 지내야 해."

승세 아저씨가 다정하게 나를 안아 주었어요.

"네가 보았던 새끼 괭이갈매기 알지? 잘 보살펴 줘야 해."

조사팀장님은 나를 바라만 보고 있었어요.
나는 달려가 조사팀장님 품에 안겼어요.
"여름에 또 보자, 강산아!"
조사팀원들이 손을 흔들었어요.
나는 컹컹컹컹 큰 소리로 짖었어요.
'다음에 또 만나요. 안녕히 가세요.'

쏙쏙 정보 더하기

우리나라의 아름다운 자연환경을 보호해요

우리나라는 사계절이 뚜렷하고 산지, 평지, 습지 등의 다양한 환경이 있어요. 또한 사계절 속에 장마와 같은 여러 가지 기후도 있어, 생물의 다양성이 풍부한 편이지요. 그래서 우리나라의 자연환경을 잘 보호하고 관리하기 위해 전국의 자연 생태계를 조사하고 있어요.

'전국 자연환경 조사'란 무엇일까요?

'전국 자연환경 조사'란 우리나라의 자연환경이 현재 어떤 상태인지, 그리고 어떻게 변화하고 있는지 알아보는 것으로, 우리나라 연구원들이 가장 큰 규모로 함께 조사하는 일이에요. 먼저 지금의 자연환경이 어떤지, 멸종 위기 야생 생물이 어디에 얼마만큼 있는지, 그리고 지역에 따라서 자연환경이 어떻게 다른지 등을 밝히는 것이지요. 우리나라를 총 824개의 지도로 나누고 각 지도별로 지형과 식생, 그 지역에 살고 있는 동물과 식물 등을 조사하고 있어요. 이렇게 조사된 자료는 우리나라의 자연환경을 보전하고 보호하는 데 활용되고 있답니다.

환경부에서 5년에 한 번씩 조사를 한답니다.

생태·자연도를 만들어요

생태·자연도란 환경부가 우리나라의 산과 하천, 내륙 습지, 호수, 농지, 도시 등에 대해 생태적인 가치와 자연성, 경관적 가치 등을 평가하여 4개의 등급으로 나누어서 만든 지도를 말해요. 자연환경 조사 연구원들이 조사한 각종 자연환경 정보를 바탕으로 1등급(보전 및 복원)·2등급(훼손 최소화)·3등급(체계적인 개발 및 이용) 지역과 별도 관리 지역(법률상 보호 지역)으로 구분하여 그린 지도이지요. 생태·자연도를 만드는 이유는 생태 환경을 보호하기 위해서예요. 나라에서 환경 개발을 계획하거나 각 시나 도에서 환경을 보전하는 계획을 세울 때, 그리고 여러 가지 개발 사업을 할 때 특별히 생태계가 망가질 수 있는 개발 계획이 있을 수 있기 때문에 생태·자연도를 고려하여 사업을 진행해야 해요.

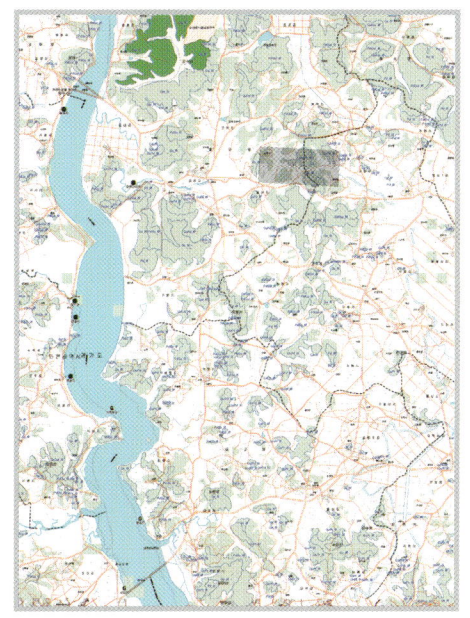

색깔별로 등급을 표시한 생태·자연도

독도의 자연환경도 조사했어요

2015년에 환경부와 국립 생태원에서는 5년 주기로 실시하는 '독도 생태계 정밀 조사'를 했어요. 독도에 살고 있는 식물들과 새들, 곤충들, 이끼, 버섯 같은 균들, 그리고 독도 주변의 바닷속에 사는 해초들까지도 모두 빼놓지 않고 알아본 것이에요. 독도의 어느 곳에서 어떻게 사는지, 혹시 독도의 모양이 변하거나 망가지고 있지는 않은지 그리고 독도의 자연환경을 보전하기 위해서는 어떻게 해야 하는지도 연구해요. 그 결과, 국내에서 처음 발견된 3종과 독도에서 처음으로 기록되는 식물 3종, 조류 1종, 곤충 3종, 식물 공생균 5종, 해양 무척추동물 48종, 해조류 64종 등 124종을 포함 총 594종의 독도 생물종이 확인되었지요. 앞으로 지속적으로 조사 연구하면 추가될 수 있는 종이 많을 것이라고 해요.

사철나무를 채집하는 연구원

독도는 조사하기가 무척 어려운 곳이에요.

독도에 대해서 알아보아요

경상북도 울릉군에 속한 독도는 천연기념물 제336호로 정해진 대한민국의 땅이에요. 주소는 경상북도 울릉군 울릉읍 독도리 산1-96이지요. 독도는 작은 섬이지만 우리나라에 특별한 의미가 있는 섬이에요. 바로 독도가 우리나라의 가장 동쪽 끝에 있는 우리 땅이기 때문이지요. 독도는 동도와 서도라는 커다란 두 개의 섬과 89개의 작은 섬으로 이루어져 있어요. 동쪽에 있는 동도에는 독도를 지키는 독도 경비대의 막사와 등대가 있고, 서쪽에 있는 서도에는 독도 주민들과 독도 관리 사무소 직원들이 살고 있는 곳이 있어요. 동도와 서도 주변에 있는 작은 바위섬들은 탕건봉, 얼굴 바위, 삼형제 굴바위, 한반도 바위, 촛대 바위 등 생김새에 따라 재미있는 이름이 붙어 있지요. 독도는 울릉도 동남쪽에 있는데, 맑은 날에는 울릉도에서 독도를 볼 수 있을 정도로 가까운 편이라 삼국 시대부터 울릉도에 딸린 섬으로 여겨졌어요.

독도는 새들의 천국이기도 해요.

우리나라 동쪽 끝에 있는 우리 땅 독도

해국은 바닷가에서 자라는 국화예요

늦게까지 꽃이 피는 것이 특징인 해국은 다른 식물들이 모두 시들시들해지는 11월 초에도 탐스러운 꽃을 피워요. 특히 독도의 바위 위에서, 세찬 바람을 맞으면서도 꽃을 피우는 해국은 비슷한 쑥부쟁이류에 비해 바닷바람 때문에 키가 크지 못하고 낮게 엎드려 꽃을 피워요. 흙도 없고 물도 부족한 바위에 붙어서도 아름다운 꽃을 피우니 기적의 꽃이라고 부를 정도로 유명하지요.

연보라색 꽃을 피우는 해국

독도에는 수많은 새들이 살고 있어요

독도에는 터줏대감인 괭이갈매기 외에도 우리 주변에서 볼 수 있는 상모솔새, 슴새, 원앙, 가마우지, 비둘기, 칼새, 파랑새, 꾀꼬리, 박새, 제비 등 70여 종의 새가 있어요. 이 가운데 8종은 독도에서 살아가는 멸종 위기 야생 생물이에요. 멸종 위기 1급인 매와 2급인 물수리, 벌매, 새매, 참매, 뿔쇠오리, 흑비둘기, 검은머리촉새가 있지요. 대부분이 동도에 있는 독도 경비대 근처와 서도 물골 지역의 능선부 바위에서 발견된답니다.

괭이갈매기

상모솔새

매

천연기념물 독도, 독도의 천연기념물

천연기념물은 법률로 보호가 지정된 자연물이에요. 독도에도 두 개의 천연기념물이 있어요. 독도는 철새들이 이동하는 길목에 위치하고, 동해에서 바다제비·슴새·괭이갈매기가 대집단으로 번식하는 유일한 지역이므로 천연기념물 제336호로 정해져 보호받고 있어요. 1999년 12월에는 '독도 천연 보호 구역'으로 명칭을 변경하였다고 해요. 또한, 독도의 사철나무는 천연기념물 제538호로 지정되어 있어요. 독도에 있는 사철나무는 독도의 대표적인 나무일 뿐만 아니라 우리나라의 동쪽 끝 독도를 100년 이상 지켜 왔다는 영토적·상징적 가치가 매우 커요.

독도 동도의 천장굴 위쪽에 있는 사철나무

이 사철나무는 나이가 100살이 넘었대요!

국립생태원이 들려주는 **에코스토리**

01 전국 자연환경 조사
나는 독도의 마스코트

02 기후 변화 연구
빙글빙글 물방울의 여행

03 생명 공학 연구
황금쌀과 슈퍼 연어의 비밀

04 외래 생물 관리
하늘천의 무법자 블루길

05 생태계 연구
금개구리 왕눈이의 모험

06 생체 모방 연구
호기심쟁이 수현이와 발명가 삼촌

07 생물 다양성 협력
와글와글 세계 어린이 환경 뉴스

08 생태계 서비스 연구
자연이 주는 선물

09 멸종 위기종 관리
아슬아슬 사라지는 동물

10 지역 생태 협력
철새들의 천국 서천 유부도